Les secrets
d'entretien

LES ÉDITIONS QUEBECOR
une division de groupe Quebecor inc.
7, chemin Bates
Bureau 100
Montréal (Québec)
H2V 1A6

Distribué par: Québec-Livres

© 1991, Les Éditions Quebecor, Monique Chevrier
© 1992, Les Éditions Quebecor, pour la réimpression
Dépôt légal, 2e trimestre 1992

Bibliothèque nationale du Québec
Bibliothèque nationale du Canada
ISBN: 2-89089-819-9

Conception graphique: Bernard Langlois

Photo de couverture:
Lisa et Anthony Bruno

Révision: Sylvie Massariol
Correction d'épreuves: Claire Campeau

Composition et montage: Les Ateliers C.M. Inc.

Impression: Imprimerie l'Éclaireur

Les secrets
d'entretien

de
soeur
Monique

Monique Chevrier
C.N.D.

Les Éditions Quebecor

AIGUILLÉE DE FIL

Pour qu'il ne se forme pas de noeuds, passez un morceau de savon sec sur le fil et n'enfilez pas le bout que vous venez de couper.

AIL

Une gousse d'ail déposée dans un bol avec les légumes crus éloigne les petites bêtes indésirables.

Si vous n'avez pas d'ammoniaque pour bannir les petites mouches de vos armoires, frottez-en les rainures avec de l'ail. Vous n'aurez pas de visite désagréable.

AIMANT

Pour ramasser des épingles ou des aiguilles avec un aimant, enveloppez-le d'un morceau de plastique: vous obtiendrez le même résultat et vous n'aurez pas de difficulté à enlever les épingles de l'aimant.

ALCOOL

L'alcool à 90% enlève les taches de stylo à bille et les marques laissées par le ruban d'une machine à écrire ou d'une imprimante. Faites toujours un essai sur un petit bout de tissu avant d'essayer d'enlever une tache.

ALUMINIUM

Pour que vos bijoux et votre coutellerie ne ternissent pas, enveloppez-les dans du papier d'aluminium.

Vous n'avez pas de petites roches pour faire la couche drainante dans vos pots de plantes? Faites tout simplement des petites boules de papier d'aluminium, et le tour est joué!

AMIDON

(Voir «Fer à repasser»)

APPLIQUES

Pour réussir vos appliques, taillez votre patron dans du papier émeri (couramment appelé «papier sablé»), puis posez le côté rugueux sur le tissu: vous n'aurez pas besoin d'épingles puisque le patron tiendra bien en place.

ARGENTERIE

Pour nettoyer l'argenterie, frottez-la tout simplement avec un peu de dentifrice.

Vous pouvez aussi nettoyer presque instantanément vos pièces d'argenterie en les plongeant dans un chaudron d'aluminium dans lequel vous avez fait bouillir de l'eau additionnée d'une demi-tasse de bicarbonate de soude.

ARGENT OXYDÉ

Couteaux et fourchettes en argent oxydés par les oeufs se nettoient facilement avec une pâte faite de pommes de terre cuites à l'eau.

AVOINE

En masque, l'avoine redonne fraîcheur et élasticité à la peau. Diluez de la farine d'avoine dans de l'eau tiède, ajoutez-y un jaune d'oeuf, étendez cette pâte sur une compresse et appliquez celle-ci sur le front et les deux joues. Laissez sur votre visage 30 minutes, puis lavez à l'eau tiède et rincez à l'eau froide.

BALLES DE PING-PONG

Vos balles de ping-pong sont bosselées? Plongez-les quelques minutes dans l'eau bouillante: les bosses disparaîtront d'elles-mêmes.

BANANE

L'intérieur des pelures de banane est excellent pour détacher les doigts barbouillés d'encre.

BAS DE LAINE

Pour garder vos meubles de bois en bon état, enduisez-les d'un peu de cire ou d'huile et frottez-les avec un vieux bas de laine.

BAS DE NYLON

Pour prolonger la durée de vos bas de nylon, incorporez un peu de vinaigre à l'eau de rinçage.

Recouvrez votre rétroviseur d'un morceau de bas de nylon: vous empêcherez les reflets des rayons du soleil de vous aveugler.

Si vous devez transporter dans votre valise une jupe à plis, roulez-la sur elle-même et enfilez-la dans un vieux bas de nylon dont vous aurez coupé le pied. Vous éviterez le repassage.

BIBELOTS

Vous craignez que vos bibelots tombent et se brisent? Posez tout simplement en dessous un ruban adhésif double face, et ils resteront bien en place.

BICARBONATE DE SOUDE

Le bicarbonate de soude («soda à pâte» ou «petite vache») est excellent pour récurer les chaudrons.

Utilisez aussi le bicarbonate de soude pour désodoriser le réfrigérateur. Il suffit d'en mettre un peu dans un petit contenant et de le laisser en permanence dans le frigo. Changez le bicarbonate tous les mois.

Pour que votre voiture ait toujours une odeur agréable, mettez un peu de bicarbonate de soude dans le fond du cendrier. De plus, les cigarettes s'éteindront mieux.

Si vos contenants ou vos sacs de plastique ont pris une mauvaise odeur, faites-les tremper dans de l'eau chaude additionnée d'une bonne poignée de bicarbonate de soude.

Si le feu prend sur votre cuisinière, jetez-y le contenu de votre boîte de bicarbonate de soude.

Faites tremper votre peau de chamois dans de l'eau tiède savonneuse à laquelle vous aurez ajouté une poignée de bicarbonate de soude. Après quelques minutes, rincez soigneusement la peau et faites-la sécher loin de la chaleur. Frottez-la ensuite dans vos mains; elle redeviendra douce.

Nettoyez votre argenterie en la plongeant dans un chaudron d'aluminium dans lequel vous aurez fait bouillir de l'eau additionnée d'une demi-tasse de bicarbonate de soude.

BIÈRE

Redonnez du brillant aux feuilles de vos plantes vertes en les nettoyant à l'aide d'un chiffon imbibé de bière.

La bière chaude fait briller l'étain.

BIJOUX EN ARGENT

Si votre peau fait une réaction aux bijoux en argent, enduisez-les d'une couche de vernis à ongles incolore.

BIJOUX EN IVOIRE

Pour redonner sa belle couleur à vos bijoux en ivoire qui ont jauni, faites dissoudre 2 cuillères à soupe de gros sel dans un peu de jus de citron et frottez vos bijoux avec un linge imbibé de cette préparation. Polissez-les ensuite avec un vieux foulard de soie.

BLANC D'OEUF

Le blanc d'oeuf monté en neige redonne de l'éclat au cuir blanc. Frottez légèrement le cuir, il brillera comme du neuf.

Pour que votre teint retrouve un air de jeunesse, enduisez votre visage d'un blanc d'oeuf légèrement battu avec un peu de jus de citron. Gardez le masque de 15 à 20 minutes, puis rincez votre visage à l'eau tiède.

BOIS

Pour raviver la couleur du bois décapé, rincez-le avec du vinaigre chaud.

Frotter de temps à autre le bois d'ébène avec de l'huile de lin l'aide à conserver son brillant.

Nettoyez votre bois vernis à l'aide d'un chiffon imbibé de thé froid.

Entretenez le bois de votre plancher avec un nettoyant à base de solvant: vous enlèverez ainsi le surplus de cire et la saleté. Changez souvent de linge durant le processus, et laissez sécher avant de cirer de nouveau.

Utilisez toujours la même pâte à base d'huile ou de cire pour nettoyer vos meubles; sinon, vous risquez de tacher le bois. Frottez-les avec un morceau de finette (communément appelée «flanellette») ou avec un vieux bas de laine.

BOÎTE À TOUT METTRE

Couvrez des boîtes solides de papier adhésif pâle ou foncé. Rangez-y les objets non classés et non classables. Vos tiroirs et vos armoires seront ainsi toujours en ordre. N'oubliez pas d'étiqueter le couvercle.

BOÎTES DE CONSERVE

Avant d'ouvrir les boîtes de conserve, enlevez le papier qui les entourent; l'ouvre-boîte est fait pour couper le métal, et non le papier.

BOL À SALADE EN BOIS

Avant de vous en servir pour la toute première fois, nettoyez vos bols à salade avec du gros sel et enduisez-les d'huile minérale chaude. Essuyez bien. Refaites cette opération deux ou trois fois par année.

BOTTES

Pour que vos bottes mouillées sèchent sans se déformer, bourrez-les de papier journal chiffonné. Changez le papier au besoin.

Les taches de calcium sur vos bottes disparaîtront comme par enchantement si vous les frottez avec un peu de vinaigre.

BOUCHON DE LIÈGE

Si votre table en bois ciré est tachée d'alcool, frottez-la avec un bouchon de liège coupé en deux (utilisez la partie coupée).

Cendriers et soucoupes tachés de cendre redeviendront propres si vous les frottez avec un bouchon de liège coupé en deux, du sel et quelques gouttes de jus de citron. Les taches disparaîtront complètement et l'émail de la porcelaine restera intact.

BOULES À MITES

Pour protéger vos livres, réduisez en poudre des boules à mites et soufflez-les avec votre séchoir à cheveux sur les rayons de votre bibliothèque.

BOUTONS

Si vous devez coudre un bouton sur du cuir, découpez une rondelle dans un vieux gant de cuir et placez-la à l'intérieur (revers du vêtement) pour éviter de faire un trou en cousant.

BRONZE BOSSELÉ

Difficile à nettoyer, n'est-ce pas? Plus avec le mélange suivant: égales quantités d'eau, d'ammoniaque, de vinaigre et d'alcool. Trempez dans cette préparation une vieille brosse à dents et frottez votre bronze. Aucune tache ne vous résistera.

BROSSES À CHEVEUX ET À ONGLES

Pour nettoyer et raffermir les poils de vos brosses, faites-les tremper dans de l'eau vinaigrée. Ensuite, rincez-les soigneusement et laissez-les sécher.

CADRES

Avant de fixer un cadre, placez un papier ou un carton à l'emplacement choisi pour vérifier la hauteur et l'effet désiré.

Habituellement, il faut poser un cadre à la hauteur de l'oeil: ni trop haut, ni trop bas.

Si vous n'arrivez pas à garder droit l'un de vos cadres, collez un peu de ruban adhésif double face ou un petit morceau de «funtak» sur l'un des coins inférieurs.

CAFÉ

Vous êtes une passionnée de la pêche? Retenez ce qui suit: le marc de café dans un bocal hermétiquement fermé conservera vos vers très longtemps.

Le marc de café constitue également un engrais de bonne qualité.

Pour redonner sa transparence à votre carafon d'huile, mélangez du marc de café et un peu de gros sel, et versez ce mélange dans le carafon. Agitez vigoureusement et rincez à fond.

CAFETIÈRE-FILTRE

Pour nettoyer votre cafetière-filtre, mettez du vinaigre dans l'eau et faites fonctionner la cafetière. Rincez plusieurs fois à l'eau froide.

CALCAIRE

Pour faire disparaître les dépôts de calcaire d'une casserole, faites-y bouillir des pelures de pommes de terre ou un peu de vinaigre.

De temps à autre, faites bouillir du vinaigre à la place de l'eau dans votre bouilloire et votre bain-marie pour les débarrasser de leurs dépôts de calcaire. Rincez à fond. Faites bouillir de l'eau à nouveau avant de les réutiliser.

CALCIUM

Pour enlever les taches de calcium sur vos bottes et sur la carpette de l'entrée, frottez-les avec du vinaigre.

CAMBOUIS

Pour enlever les taches de cambouis, appliquez sur celles-ci de la gelée de pétrole (Vaseline) et laissez reposer une heure. Nettoyez avec un morceau de coton et du tétrachlorure de carbone. Tout disparaîtra. Lavez ensuite le linge lavable à l'eau savonneuse dans la machine à laver.

CAMOMILLE

Si vous désirez garder la blondeur de vos cheveux, ajoutez un peu de camomille allemande infusée dans votre eau de rinçage après chaque shampoing.

CARAFES, CARAFONS ET BOUTEILLES TACHÉS

Le fond ou les parois de ces contenants sont tachés? Pas de panique:

prenez des feuilles de thé mouillées et mélangez-les à du gros sel. Déposez ensuite ce mélange dans les carafes ou les bouteilles et ajoutez-y un peu d'eau. Agitez bien. Vos récipients deviendront très propres en quelques instants.

Si votre carafe est terne, écrasez des coquilles d'oeufs, ajoutez-y du vinaigre et versez la préparation dans la carafe. Agitez fortement. Elle redeviendra claire en peu de temps.

Vous désirez redonner sa transparence à votre carafon d'huile? Faites un mélange avec du marc de café et un peu de gros sel. Versez cette préparation dans le carafon et secouez vigoureusement. Ensuite, rincez à fond, et le tour est joué!

CARPETTES

Pour nettoyer vos carpettes, brossez-les avec un peu d'eau vinaigrée.

Vous pouvez également les recouvrir de feuilles de thé essorées, puis passer l'aspirateur.

CARTES À JOUER

Vos cartes à jouer collent ensemble? Saupoudrez-les d'un peu de talc et brassez-les immédiatement. Le résultat est assuré!

CASSEROLE

Avant de vous servir pour la première fois d'une casserole en aluminium, faites-y bouillir du lait: elle ne noircira pas.

Votre casserole en émail terni et jauni peut reprendre son aspect neuf si vous utilisez de l'eau de Javel et de l'eau bouillante. Rincez bien à l'eau chaude, puis à l'eau froide et ne la couvrez pas afin d'assurer une bonne aération.

Avant de frotter vos casseroles en aluminium avec une laine d'acier savonneuse, faites-les chauffer; elles seront plus brillantes.

Employez du bicarbonate de soude pour récurer vos casseroles; c'est très efficace.

Pour empêcher les casseroles d'aluminium de ternir à l'intérieur, ajoutez un peu de jus de citron à l'eau de cuisson.

Vous devez nettoyer des casseroles très «gommées»? Ne vous découragez pas. Ensuite, frottez-les avec du gros sel et essuyez-les bien. Enduisez-les d'huile et faites-les chauffer.

CAVE À VIN MINIATURE

Confectionnez vous-même une petite cave à vin. Voici comment. Ouvrez une dizaine de boîtes de tomates 796 mL aux deux extrémités. Formez une pyramide avec ces boîtes, attachez-les solidement, puis appliquez une couche ou deux de peinture. Déposez cette cave à vin miniature dans le garde-manger et rangez-y les bouteilles que vous devez garder coucher.

CENDRE DE CIGARETTES

S'il y a des rayures sur le verre de vos lunettes, frottez-les avec un tampon imbibé de cendre de cigarettes.

Cendriers et soucoupes tachés de cendre redeviendront propres si vous les frottez avec un bouchon de liège coupé en deux (utilisez le côté coupé), du sel et quelques gouttes de jus de citron. Les taches disparaîtront complètement et l'émail de la porcelaine restera intact.

CHATONS

Vous avez cueilli des chatons? C'est si joli comme décoration! Pour éviter que le pollen ne s'en échappe, vaporisez-les de vernis incolore.

CHAUSSURES MOUILLÉES

Pour que vos chaussures sèchent sans se déformer, bourrez-les de papier journal chiffonné. Changez le papier au besoin.

CHOU VERT

Saviez-vous que le chou vert est merveilleux pour nettoyer les tapis? Le truc est tout simple : à l'aide d'un chou vert coupé en deux, «brossez» soigneusement votre tapis. Ensuite, passez l'aspirateur.

CISEAUX

Nul besoin de confier vos ciseaux à un spécialiste. Aiguisez-les vous-même en coupant plusieurs fois une feuille de papier émeri (couramment appelé «papier sablé») et en essayant ensuite de couper un goulot de bouteille.

CITRON

Les fourmis ont envahi vos armoires? Mettez-y un citron coupé en deux et remplacez-le souvent. Elles s'éloigneront vite, vous verrez!

Voici un moyen infaillible pour redonner sa belle couleur à vos bijoux en ivoire jaunis. Faites dissoudre 2 cuillères à soupe de gros sel dans un peu de jus de citron. Frottez les bijoux avec ce mélange et polissez-les ensuite à l'aide d'un vieux foulard de soie.

Si vos mains sont tachées par des fruits, lavez-les avec du jus de citron.

Des taches de fruits gâchent vos vêtements de laine ou de soie? Ne vous en faites pas. Tamponnez-les tout simplement avec un peu de jus de citron.

Gardez vos demi-citrons pressés pour frotter vos doigts lorsqu'ils sont tachés.

Le vert-de-gris sur vos pièces de cuivre disparaîtra si vous les frottez avec du jus de citron et du sel.

CITRONNELLE

L'huile essentielle de citronnelle a la propriété d'éloigner les moustiques. Pour ce faire, il suffit de frotter vos bras et votre cou et d'asperger votre environnement de cette huile.

CLOU DE GIROFLE

Si votre cuisine est imprégnée d'odeurs fortes, faites bouillir pendant 15 minutes 3 cuillères à thé de clou de girofle moulu dans 2 tasses d'eau.

Pour éloigner les moustiques et les insectes de vos armoires, piquez une orange de clous de girofle et posez-les à divers endroits.

COFFRE À JOUETS

Quand on a des tout-petits à la maison, on craint souvent de les voir se pincer les doigts quand ils referment le coffre à jouets. Pour leur éviter ce désagrément, collez des morceaux de liège sur les coins avant du coffre.

COLIS

Pour vous assurer que l'encre de l'adresse sur vos colis ne soit pas altérée, recouvrez-la d'une couche de vernis à ongles incolore.

COLLE DE FARINE

Je n'achète jamais de colle. Ni pour un timbre, ni pour un coin de tapisserie décollé, ni pour les menus objets brisés. Je délaye tout simplement un peu de farine dans le creux de ma main. Et ça tient bien!

CONGÉLATEUR ET PANNE DE COURANT

Bien entendu, votre congélateur n'est pas toujours rempli à pleine capacité. Pour garder les aliments congelés, remplissez des contenants de plastique d'eau et faites-les congeler. En cas de panne de courant, votre congélateur conservera les aliments plus longtemps.

COQUILLAGES

Pour nettoyer vos coquillages, plongez-les dans l'eau salée quelques minutes: ils s'ouvriront et le reste du sable sortira.

COQUILLES D'OEUFS

Écrasez des coquilles d'oeufs, ajoutez-y du vinaigre et versez le tout dans la carafe terne que vous désirez nettoyer.

Agitez fortement et elle redeviendra claire en peu de temps.

COUTEAUX

Si vos couteaux ne coupent pas bien et que vous n'ayez pas de fusil ou de pierre douce, aiguisez-les l'un sur l'autre. Cette opération pourra vous tirer d'affaire momentanément.

Ne faites jamais tremper vos couteaux dans l'eau et ne les mettez en aucun cas dans le lave-vaisselle : ils perdraient vite leur tranchant.

Pour nettoyer des couteaux rouillés, frottez-les avec un oignon coupé en deux, puis avec de la mie de pain.

Ne jetez pas votre reste de vin rouge. Faites-le plutôt chauffer et utilisez-le pour effacer les traces d'humidité sur les lames de couteaux.

CRAIE BLANCHE

Vous pouvez vous débarrasser de la moisissure en utilisant tout simplement un peu de craie blanche. Pour ce faire, frottez les endroits atteints à l'aide d'un bâton de craie; ou écrasez celle-ci pour en faire une poudre, ajoutez un peu d'eau pour obtenir une pâte et enduisez les taches de moisissure de cette pâte. Laissez sécher et lavez.

CRISTAL

(Voir «Verre de cristal»)

CUIR

Pour retaper un cuir moisi, frottez-le avec de l'essence de térébenthine et enduisez-le d'une mince couche de glycérine; il reprendra l'aspect du neuf.

Le blanc d'oeuf monté en neige redonne de l'éclat au cuir blanc. Frottez légèrement le cuir, il brillera comme du neuf.

CUIVRE

Les taches de vert-de-gris disparaîtront de vos pièces de cuivre si vous les frottez avec du vinaigre chaud et du sel, ou avec du citron et du sel.

DENTELLES

Les dentelles garderont leur fraîcheur si vous les mouillez d'eau sucrée avant de les repasser.

DENTIFRICE

Vous avez perdu le bouchon du tube? Pour que le dentifrice ne sèche pas, placez le tube, tête première, dans un petit pot d'eau.

Pour nettoyer vos bijoux et vos ustensiles en argent, frottez-les avec un peu de dentifrice.

DOIGTS

Vos doigts sont marqués d'encre? Frottez-les avec l'intérieur d'une pelure de banane.

Pour éliminer les taches de fruits sur vos doigts, lavez-les dans un peu de jus de citron ou frottez-les avec des demi-citrons pressés.

EAU DE JAVEL

Si la senteur de l'eau de Javel persiste sur vos mains, lavez-les avec de l'eau froide vinaigrée.

Lorsque vous mettez un peu d'eau de Javel dans votre lavage, ajoutez aussi un peu de vinaigre: il en neutralisera l'odeur.

Pour redonner belle allure à votre casserole en émail terni et jauni, il suffit d'y faire bouillir un peu d'eau de Javel et d'eau. Rincez à fond à l'eau chaude, puis à l'eau froide; ne la couvrez pas afin d'assurer une bonne aération.

ENVELOPPES ET TIMBRES COLLÉS

Si vos enveloppes et vos timbres sont collés les uns sur les autres, mettez-les au congélateur quelques heures. Vous réussirez à les séparer sans effort et... sans déchirure!

ÉPONGE

Pour vous débarrasser de la mauvaise odeur de votre éponge, laissez-la tremper toute la nuit dans une eau chaude savonneuse additionnée d'une bonne part de vinaigre. Le lendemain, rincez-la plusieurs fois à l'eau fraîche.

ÉPOUSSETAGE

Rien de mieux qu'un vieux bas de laine humecté d'un produit de polissage pour épousseter les meubles.

ÉVIER

Votre évier dégage une mauvaise odeur? Bouchez-en l'ouverture avec un chiffon et versez du vinaigre bouillant. L'odeur disparaîtra.

FARINE

La farine peut faire une excellente colle. Il suffit de la mélanger à un peu d'eau du robinet et de former une pâte.

Si vous avez toujours les pieds gelés l'hiver, saupoudrez légèrement vos chaussettes de farine et de moutarde sèche.

FER À REPASSER

Mettez du sel dans le mélange d'amidon: votre fer à repasser ne collera pas.

Si la base de votre fer à repasser est collante, frottez-la doucement avec une petite laine d'acier ou un tampon imbibé de vinaigre et trempé dans du sel fin. Rincez-la ensuite avec un peu d'eau et essuyez-la soigneusement.

FERMETURE ÉCLAIR

Vous n'en trouvez pas de la bonne couleur pour remplacer celle qui est brisée? Achetez-en une blanche et plongez-la dans la teinture de votre choix.

FEU

Le lait éteint le feu provoqué par l'essence.

Si le feu prend dans l'une de vos poêles lorsque vous y mettez une matière grasse, éteignez-le en le saupoudrant généreusement de sel.

FEU DE FOYER

Prolongez votre feu de foyer à l'aide de fausses bûches. Pour ce faire, mouillez du papier journal, chiffonnez-le bien et roulez-le serré. Laissez sécher parfaitement. Mêlez ces fausses bûches aux bonnes; elles aideront à garder une belle flamme à votre feu et à le maintenir en vie plus longtemps.

FINETTE

Enduite de cire ou d'huile pour le bois, la finette (couramment appelée «flanellette») est idéale pour épousseter les meubles.

FLACONS DE PARFUM

Ne jetez pas tout de suite vos flacons de parfum lorsqu'ils sont vides. Mettez-les plutôt dans votre lingerie ou vos tiroirs.

FLEURS COUPÉES

Vous prolongerez la vie de vos fleurs coupées en ajoutant 1 cuillère à soupe de sucre en poudre ou de miel à l'eau.

Pour conserver vos fleurs coupées plus longtemps, ne changez pas l'eau tous les jours; n'ajoutez que la quantité manquante.

Pour garder la fraîcheur des fleurs coupées, mettez-les au réfrigérateur tous les soirs sans eau et remettez-les le matin dans l'eau pour la journée.

Si vous n'avez pas de grille métallique pour tenir les fleurs coupées dans le vase, faites des trous avec une broche à tricoter dans une pomme de terre crue. Déposez ensuite cette dernière dans le fond de votre vase; elle tiendra les fleurs coupées comme par magie.

FOURMIS

Vos armoires sont pleines de fourmis? Après avoir fait le ménage, mettez des gouttes d'huile de menthe dans les rainures. Les fournis ne reviendront pas.

Pour éloigner les fourmis de vos armoires, vous pouvez aussi y placer un citron coupé en deux que vous changerez régulièrement.

FRAISES

Appliquez un masque de fraises écrasées mélangées: a) à un blanc d'oeuf battu, si vous avez la peau grasse, ou b) à de l'huile d'amande, si votre peau est sèche.

FUMÉE DE CIGARETTES

Laissez brûler vos chandelles jusqu'à la fin; elles ont la propriété d'absorber la fumée de cigarettes.

GANTS DE CAOUTCHOUC

Pour que vos gants de caoutchouc restent en bon état, saupoudrez souvent du talc à l'intérieur.

GÉRANIUMS

Garnissez votre balcon, vos fenêtres et votre porte de géraniums; non seulement leur beauté vous ravira, mais vous éloignerez également les moustiques de votre maison.

GLYCÉRINE

Avez-vous les mains abîmées? Frottez-les avec de la glycérine. Gardez cette pommade le plus longtemps possible sur votre peau avant de vous rincer les mains.

Pour retaper un cuir moisi, frottez-le avec de l'essence de térébenthine et enduisez-le d'une mince couche de glycérine; il reprendra l'aspect du neuf.

Pour que les semelles de crêpe de vos chaussures restent propres, enduisez-les de glycérine, puis le lendemain, saupoudrez-les de talc. Répétez cette opération au besoin.

GOMME À MÂCHER

Rien de plus désagréable que de la gomme à mâcher sur les vêtements ou les tapis! Heureusement, on peut s'en débarrasser facilement en la raclant après l'avoir recouverte de glace pour qu'elle durcisse ou après avoir laissé le vêtement au congélateur pendant quelques minutes.

GOUDRON

Votre vêtement est taché de goudron? Ne vous en faites pas. Appliquez tout simplement de la gelée de pétrole (Vaseline) sur les taches et laissez reposer une heure. Nettoyez avec un morceau de coton et du tétrachlorure de carbone. Si votre vêtement est lavable, lavez-le dans la machine à laver à l'eau chaude savonneuse. Et voilà!

HUILE DE LIN

Frotter de temps à autre le bois d'ébène avec de l'huile de lin l'aide à conserver son brillant.

HUILE D'OLIVE

Vos ongles sont cassants? Trempez-les deux fois par semaine durant 15 minutes dans 1/2 tasse d'huile d'olive chaude additionnée d'un peu de jus de citron.

L'huile d'olive est aussi excellente pour redonner charme et douceur à vos mains rugueuses. Il suffit de les faire tremper pendant 15 minutes une fois par semaine dans un bol contenant de l'huile d'olive chaude.

HUILE MINÉRALE

Pour garder vos planches à pâtisserie et à légumes en bonne condition, enduisez-les d'huile minérale chaude et laissez reposer. Ensuite, essuyez-les soigneusement. Refaites cette opération deux ou trois fois par année.

JUPE

Si vous devez transporter dans votre valise une jupe à plis, roulez-la sur elle-même et enfilez-la dans un vieux bas de nylon dont vous aurez coupé le pied. Vous éviterez le repassage.

LAINAGE

Épinglez votre lainage sur un drap avant de le laver pour en garder la forme. Vous le replacerez dans cette forme en l'étirant juste ce qu'il faut pour le séchage.

LAIT

Le lait éteint l'essence enflammée.

LAVANDE

Des grains de lavande dans un sachet parfument vos tiroirs et vos armoires.

Vous pouvez aussi mettre quelques gouttes d'eau de lavande dans l'eau du pulvérisateur pour humecter vos draps et serviettes avant de les repasser. N'en mettez pas trop, toutefois.

LESSIVE

Si vous craignez de laver un vêtement de couleur, ajoutez un peu de vinaigre ou de sel à l'eau de la lessive; ces ingrédients servent de mordants à la teinture.

Après la lessive, rincez vos vêtements foncés dans l'eau vinaigrée. Vous ferez disparaître les taches blanchâtres, que laissent parfois certains détersifs.

LINGERIE JAUNIE

Enveloppez les pièces de lingerie que vous n'utilisez pas souvent dans des sacs de plastique foncé; elles garderont leur blancheur.

LUNETTES RAYÉES

S'il y a des rayures sur le verre de vos lunettes, frottez-les avec un tampon imprégné de cendre de cigarettes.

MAINS

Si vos mains sentent l'eau de Javel, lavez-les avec de l'eau froide vinaigrée. Vous verrez, l'odeur disparaîtra en quelques secondes.

Vos mains sont abîmées? Enduisez-les de glycérine et gardez cette pommade le plus longtemps possible avant de les rincer.

MANTEAU DE DAIM

Le col de votre manteau de daim est marqué de taches de poussière ou de sueur? Frottez-le tout simplement avec de la mie de pain fraîche.

MAUVAISES HERBES

Pour détruire les mauvaises herbes dans les allées du potager, arrosez-les régulièrement avec l'eau de cuisson des pommes de terre.

MENTHE

Mettez un peu d'huile de menthe sur vos tablettes d'armoire: elle dégagera une odeur merveilleuse et éloignera les fourmis.

MEUBLES DE BOIS

Époussetez vos meubles en bois avec un linge, sans mousse, imbibé légèrement d'un produit de polissage pour meubles; frottez ensuite avec un morceau de finette («flanellette») ou une peau de chamois.

Utilisez toujours la même pâte à base d'huile ou de cire; tout changement risque de tacher le bois. Pour polir, frottez le meuble avec un vieux bas de laine ou un morceau de finette.

MIE DE PAIN

La mie de pain nettoie les taches de poussière sur les vêtements blancs ou pâles.

Si le col de votre manteau en daim est taché par la poussière ou la sueur, frottez-le avec de la mie de pain fraîche.

Pour nettoyer des couteaux rouillés, frottez-les avec un oignon coupé en deux, puis avec de la mie de pain.

MIROIRS ET VITRES

Pour éviter que le miroir de la salle de bains ne s'embue, lavez-le une fois par semaine avec de l'alcool de bois ou du vinaigre.

Nettoyez vitres et miroirs avec du papier journal mouillé à l'eau vinaigrée, puis essuyez-les avec du papier journal froissé. Les vitres seront brillantes et se saliront moins vite. Je vous conseille toutefois de porter des gants...

Des gouttelettes de peinture sont tombées sur votre miroir lors de votre réaménagement? Ne vous en faites pas.

Racler simplement le surplus de peinture à l'aide d'une lame de rasoir, puis lavez le miroir à l'eau vinaigrée. Comme agent nettoyant, vous pouvez aussi employer du thé chaud avec un peu de savon ou de nettoyant pour vitres.

Si vous avez endommagé le dessous de votre miroir, collez-y un morceau de papier d'aluminium.

Pour créer un effet d'espace, installer des miroir dans les petites pièces.

Votre appartement est sombre? Posez plusieurs miroirs sur les murs: ils reflètent la lumière.

MITES

Les mites n'aiment pas l'odeur de l'encre d'imprimerie. Après en avoir fait la lecture, mettez donc votre journal dans votre garde-robe ou dans la valise que vous n'utilisez que rarement pour les éloigner. Changez-le au besoin.

MOISISSURE

Des taches de moisissure ternissent l'éclat de votre salle de bain? Débarrassez-vous-en en un clin d'oeil grâce à un simple bâton de craie blanche. Pour ce faire, il suffit de frotter les endroits atteints avec la craie et de laver comme à l'habitude. Vous pouvez aussi écraser la craie pour en faire de la poudre et transformer celle-ci en pâte en y incorporant un peu d'eau; ensuite, enduisez les endroits tachés de cette pâte, laissez sécher et laver.

MOUSTIQUES

Pour éloigner les moustiques et les insectes de vos armoires, piquez une orange de clous de girofle et posez-les à quelques endroits.

Garnissez balcons, fenêtres et portes de géraniums: ils ont la propriété d'éloigner les moustiques.

L'huile essentielle de citronnelle a la propriété d'éloigner les moustiques. Frottez donc vos bras et votre cou de cette huile, et aspergez-en votre environnement.

MOUTARDE SÈCHE

Pour que les pots de vos plantes ne contiennent aucun vers, diluez de la moutarde sèche dans l'eau d'arrosage.

Une odeur de moisi plane dans vos armoires? Déposez-y une soucoupe contenant de la moutarde sèche. Répétez cette opération après une semaine si nécessaire.

Pour éviter que vos pieds gèlent l'hiver, saupoudrez légèrement vos chaussettes de farine et de moutarde sèche.

NAPPERONS

Pour empêcher vos napperons de tissus de se froisser, mettez-les entre deux cartons dans le tiroir: ils seront toujours prêts à servir.

Profitez du jour de cuisson de vos pâtes pour amidonner vos napperons en les passant tout simplement dans l'eau de cuisson.

NAPPES

Voulez-vous donner un peu de corps à vos nappes sans qu'elles soient raides? Ajoutez une poignée d'amidon dilué au dernier rinçage.

NETTOYAGE ÉCLAIR DES MURS

Savez-vous comment faire un ménage rapide des murs de votre cuisine? La méthode est simple et efficace. Fermez les portes des armoires et faites bouillir deux marmites d'eau. Après 15 minutes, essuyez les murs et les portes d'armoires avec un linge propre. N'oubliez pas de rincer votre linge.

ODEUR D'AIL

Si vous avez mangé de l'ail, mâchez une ou deux branches de persil ou croquez un clou de girofle pour éliminer la mauvaise haleine.

ODEUR DE CIGARETTES

Faites bouillir un peu de vinaigre pour éliminer les odeurs de cigarettes dans la maison.

ODEUR DE MOISI

Déposez de la moutarde sèche dans une soucoupe et placez-la dans votre armoire. Répétez après une semaine si nécessaire.

ODEUR DE POISSON

Pour ne pas que votre maison soit envahie par l'odeur du poisson que vous faites cuire, laissez un bol avec du vinaigre sur la cuisinière. L'odeur ne se répandra pas.

Pour chasser l'odeur du poisson, vous pouvez également faire brûler du sucre dans un poêlon.

ODEUR D'HUILE DE CUISSON

Pour éviter que votre maison ne s'imprègne de l'odeur de l'huile de cuisson, par exemple lorsque vous faites des beignets ou des frites, ajoutez 1 cuillère à thé de vanille dans l'huile avant de la faire chauffer.

ODEUR D'OIGNON

Un secret pour éviter la mauvaise haleine lorsque vous mangez des

oignons et pour faciliter la digestion:
pressez l'oignon ou enlevez la petite
pellicule entre chaque rondelle.

Si vous avez mangé de l'oignon, vous
pouvez également mâcher une ou
deux branches de persil ou croquer un
clou de girofle pour remédier à la mauvaise haleine.

Si vos mains gardent l'odeur de l'oignon, frottez-les avec du persil.

OEILLETS

Vos oeillets ont perdu leur fraîcheur?
Ne les jetez pas. Servez-vous-en plutôt
pour faire une lotion tonique pour
votre peau. Pour ce, faites macérer
4 tasses de pétales d'oeillets dans
4 tasses de vinaigre durant 10 jours.
Mettez-en 1 cuillère à soupe matin et
soir dans un bol d'eau fraîche pour
laver votre visage et votre cou.

OEUFS

Ne jetez pas l'eau de cuisson des oeufs durs. Une fois refroidie, elle servira à arroser vos plantes.

Pour redonner de l'éclat au cuir blanc, frottez-le doucement avec du blanc d'oeuf monté en neige.

Pour raviver votre teint, enduisez votre visage d'un masque composé d'un blanc d'oeuf légèrement battu et d'un peu de citron. Gardez le masque de 15 à 20 minutes, puis rincez votre visage à l'eau tiède.

Si votre peau est sèche, enduisez votre visage, vos bras et vos mains d'une préparation faite d'un jaune d'oeuf battu et d'une pêche bien mûre écrasée. Gardez cet enduit environ 15 minutes, puis lavez-vous à l'eau tiède.

OIGNONS

(Voir aussi «Odeur d'oignon»)

Pour nettoyer vos couteaux rouillés, frottez-les avec un oignon coupé en deux, puis avec de la mie de pain.

ONGLES CASSANTS

Si vos ongles sont cassants, faites-leur prendre un bain d'huile d'olive tiède, aromatisée d'essence de citron, une dizaine de minutes tous les jours pendant une quinzaine de jours. Répétez l'opération au besoin.

ORGANISATION/ PLANIFICATION

En planifiant votre journée et vos achats, vous épargnez temps, argent, soucis et fatigue. Prenez l'habitude de dresser une liste avant de vous rendre à l'épicerie ou au magasin, et d'écrire chaque soir le travail à faire le lendemain. Vous créerez ainsi une ambiance plus détendue dans la maison.

OUVRE-BOÎTE

Avant d'ouvrir vos boîtes de conserve, enlevez toujours le papier qui les recouvre; l'ouvre-boîte est conçu pour couper le métal, pas le papier.

PANNE DE COURANT

(Voir «Congélateur et panne de courant»)

PAPIER CARBONE

Si votre papier carbone est trop usé, mettez-le au four à feu très doux pendant 10 à 15 minutes. Vous pourrez encore vous en servir pour un bon bout de temps.

PAPIER ÉMERI

(Voir «Appliques»)

PAPIER JOURNAL

Pour éviter que les mites n'envahissent garde-robe et valises entreposées, mettez-y du papier journal. L'odeur de l'encre d'imprimerie les repousse.

Après avoir enfilé des gants de caoutchouc, nettoyez vitres et miroirs avec du papier journal mouillé dans de l'eau vinaigrée, puis essuyez-les avec du papier journal froissé. Les vitres seront brillantes et se saliront moins vite.

PÂTE À MODELER

Mélangez 1 tasse de sel à 2 tasses de farine tout usage. Incorporez graduellement de l'eau, juste assez pour obtenir une pâte ferme. Les tout-petits prendront plaisir à façonner divers objets, que vous pourrez cuire au four à 175°C (350°F) pendant 20 à 30 minutes. Ensuite, les enfants pourront les peindre au gré de leur fantaisie.

PEAU DE CHAMOIS

Faites tremper la peau de chamois dans de l'eau tiède bien savonneuse à laquelle vous aurez ajouté préalablement une poignée de bicarbonate de soude («soda à pâte»). Après quelques minutes de trempage, rincez soigneusement la peau de chamois et faites-la sécher loin de la chaleur. Frottez-la ensuite dans vos mains et elle redeviendra douce.

PEAU SÈCHE

Si votre peau est sèche, enduisez votre visage, vos bras et vos mains d'une préparation composée d'un jaune d'oeuf légèrement battu et d'une pêche bien mûre écrasée. Gardez cet enduit pendant environ 15 minutes, puis lavez-vous à l'eau tiède.

Si la peau de votre visage est très sèche, faites-vous un masque maison avec les ingrédients suivants:

1 jaune d'oeuf
1 cuillère à soupe de lait en poudre
1 cuillère à soupe de lait frais
1 cuillère à thé de miel

Versez tous les ingrédients dans un bol et battez-les bien. Appliquez ce mélange sur votre visage et votre cou. Gardez-le 15 minutes; profitez-en pour vos détendre. Rincez ensuite le masque à l'eau tiède, puis à l'eau de rose mélangée avec de la glycérine (1 tasse d'eau de rose et 1/2 tasse de glycérine).

PELURES D'ORANGES

Après avoir pelé une orange, ne jetez pas vos pelures tout de suite. Utilisez-les plutôt pour frotter votre cou et vos bras en sortant du bain; votre peau sera plus douce.

PERCE-OREILLES

Pour vous débarrasser des perce-oreilles dans votre jardin, mettez des morceaux de pailles sur leur chemin: ils y trouveront refuge et vous pourrez alors les cueillir facilement.

PERSIL

Pour que votre chevelure soit resplendissante, faites une infusion de persil et utilisez-la pour rincer vos cheveux.

Pour faire disparaître une odeur d'oignon persistante sur vos mains, frottez-les avec du persil.

Mâcher quelques feuilles de persil frais après avoir mangé des oignons élimine la mauvaise haleine.

PIEDS GELÉS

Si vous avez toujours les pieds gelés en hiver, saupoudrez légèrement vos chaussettes de farine et de moutarde sèche ou de poivre.

PINCEAUX

À moins d'avoir deux pinceaux dans votre cuisine, le premier pour les matières grasses, le deuxième pour les autres usages, huilez et graissez les moules avec vos doigts.

PLANCHE DE BOIS

Avant de vous servir de votre planche de bois, frottez-la des deux côtés avec un chiffon imbibé d'eau et de sel marin. Laissez-la sécher, puis enduisez-la d'huile minérale bien chaude. Répétez cette opération deux ou trois fois par année.

PLANCHER DE BOIS

Pour nettoyer un plancher de bois, employez un nettoyant à base de solvant et prenez soin de changer souvent de linge. Vous enlèverez ainsi le

surplus de cire et la saleté. Laissez
sécher avant de cirer de nouveau.

PLANTES

Vous n'avez pas de petites roches pour
faire la couche drainante dans vos
pots de plantes? Faites tout simplement des petites boules de papier
d'aluminium, et le tour est joué!

Pour éviter les éclaboussures lorsque
vous arrosez vos fleurs et vos plantes,
mettez une petite rangée de cailloux
sur le dessus du pot.

Ne jetez pas l'eau de cuisson de vos
oeufs durs. Laissez-la refroidir et arro-
sez-en vos plantes.

Redonnez du brillant aux feuilles de
vos plantes vertes en les nettoyant à
l'aide d'un chiffon imbibé de bière.

Pour que les pots de vos plantes ne
contiennent aucun vers, diluez de la
moutarde sèche dans l'eau d'arrosage.

POIVRE

Si vous gelez facilement des pieds durant la saison froide, saupoudrez légèrement vos chaussettes de poivre.

Pour éloigner les vers des plantes de votre potager, mélangez du poivre en grain aux graines de semences.

POIVRIÈRE

(Voir «Salière»)

POMMES DE TERRE

Pour redonner de l'éclat à une ancienne peinture à l'huile, frottez-la doucement avec une pomme de terre crue coupée. Au fur et à mesure du nettoyage, tranchez la pomme de terre. Essuyez ensuite avec un linge doux.

Si vous n'avez pas de grille métallique pour tenir les fleurs coupées dans un vase, faites des trous avec une broche à tricoter dans une pomme de terre crue. Déposez-la ensuite dans le fond de votre vase. Elle tiendra les fleurs coupées comme par magie.

Pour faire disparaître les dépôts de calcaire d'une casserole, faites-y bouillir des pelures de pommes de terre.

Frottez vos couteaux en argent avec une pomme de terre crue; ils retrouveront leur éclat.

Des rondelles de pommes de terre placées sur le dessus du pot à tabac empêchent celui-ci de se dessécher.

Arrosez régulièrement les allées du potager avec l'eau de cuisson des pommes de terre; aucune mauvaise herbe n'y poussera.

PORCELAINE

Après le repas, nettoyez vos assiettes de porcelaine avec un essuie-tout ou une spatule de caoutchouc. Vous éviterez d'égratigner votre vaisselle.

Lorsque vous rangez vos assiettes de porcelaine, placez un carton entre chacune d'elles pour ne pas qu'elles s'égratignent.

POUBELLE

Arrosez de vinaigre le tour et le couvercle de la poubelle que vous laissez à l'extérieur de la maison; vous éloignerez les chats et les chiens sans leur causer de tort.

RANGEMENT

Vous manquez d'espace de rangement? Utilisez l'espace libre sous les lits! Pour vous faciliter la tâche, installez des roulettes sur une planche de contreplaqué ainsi qu'une poignée. Vous pourrez récupérer vos objets sans vous éreinter.

RÂTEAU

Pour ramasser plus de feuilles à la fois, taillez un morceau de grillage et fixez-le aux dents du râteau.

RÉFRIGÉRATEUR

Si une odeur désagréable persiste dans votre réfrigérateur, déposez à l'intérieur un bol de vinaigre bouillant. Laissez-le refroidir et l'odeur disparaîtra.

Un peu de bicarbonate de soude («soda à pâte») en permanence dans votre frigo élimine les mauvaises odeurs. Changez le contenant de bicarbonate tous les mois pour plus de fraîcheur.

REPASSAGE

Pour empêcher le fer de coller en repassant des vêtements amidonnés, mettez un peu de sel dans l'amidon.

RÉTROVISEUR

Recouvrez le rétroviseur d'un morceau de bas de nylon; vous empêcherez ainsi les reflets du soleil de vous aveugler.

RIDEAU DE DOUCHE

De préférence, choisissez un rideau de douche en ratine. Il sera plus absorbant et se lavera à la machine.

ROSES

Pour prolonger la vie des roses, plongez-les dans environ 4 pouces d'eau bouillante pour quelques minutes; ensuite, remettez-les dans leur pot, que vous aurez préalablement rempli d'eau glacée.

ROULEAU À PÂTE

On ne doit jamais laver un rouleau à pâte. Il faut simplement le gratter avec le dos d'un couteau et le frotter avec un essuie-tout.

Il ne collera pas à la pâte si vous l'enfariner avant de vous en servir.

RUBANS

Les rubans garderont leur fraîcheur si vous les mouillez d'eau sucrée avant de les repasser.

SALIÈRE

Pour que le sel reste bien sec, mettez quelques grains de riz dans la salière.

Un morceau de papier absorbant ou de papier buvard placé au fond de la salière absorbe l'humidité et garde le sel bien au sec.

Lavez soigneusement salières et poivrières avec de l'eau additionnée de gros sel et de vinaigre, puis rincez-les à fond et laissez-les sécher. Lors du séchage, vous pouvez aussi les déposer dans un four à 95°C (200°F) jusqu'à ce que l'intérieur soit parfaitement sec.

SAVON

Gardez toujours vos petits morceaux de savon. Vous pourrez les réutilisez. Voici comment: passez plusieurs bouts de savon au hache-viande, ajoutez un peu d'eau et mettez ce mélange dans des petits moules. Laissez sécher. Et voilà!

N'achetez plus de crayons marqueurs pour les tissus. Lorsque vous confectionnez un vêtement, marquez-le à l'aide d'un petit bout de savon; vos repères seront très clairs et, surtout, partiront à tout coup au premier lavage.

Pour vous débarrasser des marques de détersif sur les vêtements foncés, ajoutez toujours un peu de vinaigre à l'eau du dernier rinçage.

SEL

Pour conserver vos poêles à frire et à crêpes dans un meilleur état, nettoyez-les avec du gros sel. Vous empêcherez ainsi également les aliments de coller.

Voulez-vous enlever des taches de rouille? Mettez du sel et du jus de citron sur la tache et nettoyez-la au-dessus de la vapeur. C'est infaillible.

Pour nettoyer des casseroles vraiment «gommées», faites-les chauffer un peu, enduisez-les d'un peu d'huile et frottez-les avec du gros sel. Essuyez soigneusement.

Déposé dans les fentes des armoires, le sel empêche le passage des fourmis.

Voulez-vous refroidir rapidement votre bouteille de vin? Placez-la dans de l'eau glacée salée.

Ajoutez une cuillère à soupe de sel dans votre sac à eau chaude; il gardera sa chaleur plus longtemps. De même, si vous mettez un peu de sel dans votre sac à glace, il restera froid pour une plus longue période.

Si le feu prend dans l'un de vos poêlons lorsque vous y mettez une matière grasse, éteignez-le en le saupoudrant généreusement de sel.

Si la base de votre fer à repasser est collante, frottez-la doucement avec une petite laine d'acier ou un tampon imbibé de vinaigre et trempé dans du sel fin. Rincez-la ensuite avec un peu d'eau et essuyez-la soigneusement.

Mettez du sel dans le mélange d'amidon lorsque vous repassez: votre fer ne collera pas.

Vous pouvez facilement redonner sa belle couleur à un bijou en ivoire qui a jauni. Il suffit de faire dissoudre 2 cuillères à soupe de gros sel dans un peu de jus de citron et de frotter le bijou avec cette préparation. Polissez-le ensuite à l'aide d'un vieux foulard de soie.

Pour enlever les taches de vos **carafes** et bouteilles, prenez des feuilles de thé mouillées et mélangez-les à du gros sel. Déposez ensuite ce mélange dans les récipients et ajoutez-y un peu d'eau. Agitez bien. Les taches disparaîtront en quelques instants.

SEL MARIN

Avant de vous servir de votre planche de bois, frottez-la des deux côtés avec un chiffon imbibé d'eau et de sel marin. Laissez-la sécher, puis enduisez-la d'huile minérale bien chaude.

SEMELLE DE CRÊPE

Pour que les semelles de crêpe de vos chaussures et de vos bottes restent propres, enduisez-les de glycérine, puis le lendemain, saupoudrez-les de talc. Répétez l'opération tous les 15 jours.

«SODA À PÂTE»

(Voir «Bicarbonate de soude»)

SOINS DES CHEVEUX

Après un bon shampoing, rincez vos cheveux avec une infusion de camomille ou de jus de citron. Votre chevelure sera éclatante.

Un peu de vinaigre dans l'eau de rinçage donnera du brillant à vos cheveux.

SOINS DE LA PEAU

Pour que la peau de votre visage et de vos mains reste bien douce, enduisez-la d'un mélange de miel et d'huile d'olive. Attendez 30 minutes et lavez-vous à l'eau tiède, puis à l'eau froide.

Essuyez soigneusement. Vous verrez vite la différence!

Si votre peau est sèche, enduisez votre visage, vos bras et vos mains d'un mélange composé d'un jaune d'oeuf et d'une pêche bien mûre écrasée. Gardez ce masque traitant environ 15 minutes, puis lavez-vous à l'eau tiède.

SOULIERS DE TOILE BLANCHE

Rien de plus désagréable que ces souliers de toile toujours sales. Avant de les mettre, vaporisez-les d'amidon; la saleté n'adhérera pas. Veillez toutefois à ne pas mettre les pieds dans une flaque d'eau!

STYLO À BILLE

Pour faire disparaître les taches de stylo à bille, frottez-les avec de l'alcool à 90%.

Vous pouvez aussi utiliser du jus de citron si elles ne sont pas trop prononcées.

SUCRE

Une théière ou une cafetière peu utilisée n'aura aucun goût de «renfermé» si vous déposez un cube de sucre à l'intérieur avant de la ranger dans l'armoire.

Ajoutez chaque matin un peu de sucre en poudre dans l'eau du vase à fleurs. Cela redonnera de la vigueur à vos fleurs coupées et prolongera leur vie.

Les dentelles, les robes de poupées et les rubans auront plus fière allure si vous les empesez avec un peu d'eau sucrée avant de les repasser.

TABLE

Lorsque vous cuisinez ou que vous bricolez, travaillez toujours sur une table dont la hauteur vous convient; vous

vous fatiguerez moins et serez d'autant plus efficace.

TACHE D'ALCOOL

Si votre table en bois ciré est tachée d'alcool, frottez-la avec un bouchon de liège coupé en deux (utilisez la partie coupée).

TACHE D'EAU

La tache laissée par un verre sur une table est tenace. Frottez-la vigoureusement avec de l'huile à friture ayant déjà servie. Répétez l'opération au besoin. Ensuite, cirez votre table. Elle retrouvera l'aspect du neuf en un tournemain!

TACHE DE CENDRE

Cendriers et soucoupes tachés de cendre redeviendront propres si vous les frottez avec un bouchon de liège coupé en deux, du sel et quelques gouttes de jus de citron. Les taches disparaîtront complètement et l'émail de la porcelaine restera intact.

TACHE DE CIRE

Pour enlever la cire des chandelles sur une nappe ou un vêtement, grattez légèrement la tache pour retirer le surplus de cire. Placez la partie tachée entre deux essuie-tout et passez le fer chaud en changeant de place chaque fois. Lavez ensuite votre nappe à l'eau tiède savonneuse. Si le linge est blanc, ajoutez de l'eau de Javel lors du lavage.

TACHE DE FRUIT

Si vos mains sont tachées par des fruits, lavez-les avec du vinaigre ou du jus de citron.

Des taches de fruit gâchent vos vêtements de laine ou de soie? Ne paniquez pas. Tamponnez-les tout simplement avec un peu de vinaigre ou de citron.

TACHE D'ENCRE

Pour débarrasser vos doigts des taches d'encre, frottez-les avec l'intérieur d'une pelure de banane.

TACHE DE SANG

Pour enlever une tache de sang sur un lainage léger, il suffit de l'imbiber d'un peu d'eau froide dans laquelle vous aurez fait dissoudre une aspirine. Lavez ensuite votre lainage à l'eau tiède savonneuse.

TACHE D'OEUF

Les taches d'oeufs disparaîtront si vous les imbibez d'eau froide en les frottant doucement. Lavez ensuite le vêtement ou la nappe à l'eau froide savonneuse et rincez soigneusement.

TACHE DE VIN ROUGE

Votre belle nappe neuve est tachée de vin rouge? Mouillez tout simplement la tache avec du vin blanc, puis recouvrez-la de sel (il absorbera le vin). Attendez quelques minutes et frottez la tache en ajoutant un peu de vinaigre. Rincez à l'eau froide.

TALC

Pour que vos gants de caoutchouc restent en bon état, saupoudrez souvent du talc à l'intérieur.

Pour que les semelles de crêpe de vos chaussures demeurent bien propres, enduisez-les de glycérine; puis, le lendemain, saupoudrez-les de talc. Répétez cette opération au besoin.

TAMPON À RÉCURER

Le tampon vert servant à récurer peut aussi rafraîchir le col d'un veston de daim.

TAPIS

À l'aide d'un chou vert coupé en deux, «brossez» soigneusement votre tapis. Ensuite, passez l'aspirateur. C'est un truc extrêmement facile et tellement peu coûteux!

Vous pouvez aussi nettoyer vos tapis avec des feuilles de thé. Il suffit de bien essorer les feuilles et de les étendre sur les tapis et les carpettes. Ensuite, passez l'aspirateur.

THÉ

Ne jetez pas vos restes de thé: vous pourrez vous en servir une fois la semaine pour arroser vos plantes.

Nettoyez le bois vernis avec un chiffon imbibé de thé froid.

Ne jetez pas vos feuilles de thé. Essorez-les soigneusement et étendez-les sur les tapis et carpettes que vous désirez nettoyer. Passez l'aspirateur, et le tour est joué!

Vos feuilles de thé vous serviront aussi à détacher carafes, carafons et bouteilles de toutes sortes. Pour ce, il suffit de mélanger vos feuilles à du gros sel et de les verser dans les récipients. Ajoutez un peu d'eau et agitez vigoureusement. Rincez.

Des gouttelettes de peinture sur vos miroirs? Ne vous en faites pas. Racler tout simplement le surplus à l'aide d'une lame de rasoir; ensuite, lavez-le avec du thé chaud et un peu de savon.

TÉRÉBENTHINE

Pour retaper un cuir moisi, frottez-le avec de l'essence de térébenthine et enduisez-le d'une mince couche de glycérine.

Vous pouvez raviver la laine de vos tapis et carpettes à peu de frais en les brossant avec un peu de térébenthine mélangée à 4 tasses d'eau chaude.

TOMATE

Pour redonner de l'éclat à votre teint, faites-vous un masque à la tomate. Écrasez une belle tomate bien mûre, étendez cette purée entre deux étamines (appelé «coton à fromage») et appliquez cette préparation sur votre visage. Allongez-vous pendant environ 15 minutes. Rincez ensuite votre peau à l'eau fraîche. Vous retrouverez votre teint de jeune fille!

USTENSILES EN ARGENT

Ne mangez jamais d'oeufs avec des fourchettes en argent; elles jauniraient et garderaient l'odeur du soufre.

Si vos ustensiles en argent sont jaunis, frottez-les avec un demi-citron et rincez-les à l'ammoniaque.

Couteaux et fourchettes en argent oxydés par les oeufs se nettoient facilement avec une pâte faite de pommes de terre cuites à l'eau.

Le dentifrice est aussi excellent pour nettoyer les ustensiles en argent.

VALISES

Pour éviter que vos valises entreposées ne soient envahies de mites, mettez-y quelques pages de journal, que vous changerez de temps à autre. L'odeur de l'encre d'imprimerie éloigne ces bestioles.

VERNIS

Le pollen des chatons que vous venez de cueillir ne s'échappera pas si vous vaporisez ceux-ci de vernis incolore.

VERNIS À ONGLES

Les adresses sur vos colis ne seront jamais barbouillées d'encre si vous les protégez d'une couche de vernis à ongles incolore.

Si votre peau réagit aux bijoux en argent, enduisez ces derniers d'une couche de vernis à ongles incolore.

VERRE

Vous est-il arrivé de mettre deux verres l'un dans l'autre et de ne pouvoir les séparer par la suite? Si cela se produit, remplissez d'eau froide le verre qui est à l'intérieur et plongez l'autre dans l'eau chaude. Vous pourrez ainsi les séparer... avec précaution, bien entendu!

Vous avez brisé un verre? Ramassez les miettes avec une ouate mouillée. Le petit balai ramasse-poussière risque de garder des morceaux qui pourraient vous blesser par la suite.

VERRE DE CRISTAL

Les verres de cristal sont si fragiles que l'on craint de les essuyer. Pour éviter de les briser ainsi, rincez-les dans l'eau

vinaigrée après les avoir lavés, déposez-les ensuite à l'envers sur un linge et
laissez-les sécher. Voilà! ils seront très
clairs et très propres, et surtout
intacts...

VERS

Pour éloigner les vers de vos poireaux
ou d'autres plantes, mélangez du poivre en grain aux graines de semences.

Vous aimez la pêche? Alors, sachez
que le marc de café dans un bol hermétiquement fermé conservera vos
vers très longtemps.

Pour que les pots de vos plantes ne
contiennent aucun vers, diluez de la
moutarde sèche dans l'eau d'arrosage.

VERT-DE-GRIS

Les taches de vert-de-gris disparaîtront
de vos pièces de cuivre si vous les frottez avec du vinaigre chaud et du sel,
ou avec du jus de citron et du sel.

VÊTEMENTS FONCÉS

Après le lavage, rincez vos vêtements foncés à l'eau vinaigrée; ils n'auront jamais de ces taches blanchâtres que laissent parfois certains détersifs.

VIN BLANC

Vous voulez refroidir rapidement votre bouteille de vin blanc? Placez-la dans de l'eau glacée salée.

VIN ROUGE

Ne jetez pas votre reste de vin rouge. Faites-le plutôt chauffer et utilisez-le pour effacer les traces d'humidité sur les lames de couteaux.

Pour nettoyer les taches de vin rouge sur les nappes et les napperons, enduisez-les de vin blanc et saupoudrez-les généreusement de sel. Attendez quelques minutes, puis lavez les taches avec un peu de vinaigre et rincez-les à l'eau froide.

VINAIGRE

Pour faire disparaître la croûte grais-
seuse qui se forme autour de votre
chaudron à friture ou de votre poêlon,
versez-y du vinaigre et faites-le bouillir
pendant 10 à 15 minutes.

L'intérieur de l'une de vos carafes est-il
terne? Écrasez des coquilles d'oeufs,
ajoutez du vinaigre et versez ce
mélange dans la carafe. Agitez fortement. Elle redeviendra claire à peu de
frais.

De temps à autre, faites bouillir du
vinaigre à la place de l'eau dans votre
bouilloire et votre bain-marie pour les
débarrasser de leurs dépôts de calcaire. Rincez à fond. Faites bouillir de
l'eau de nouveau avant de les réutiliser.

Pour remettre en bon état la peau de
chamois que vous utilisez pour le
ménage, lavez-la à l'eau savonneuse,
puis rincez-la à l'eau vinaigrée. Elle
sera comme neuve.

Utilisez un peu de vinaigre pour enlever l'odeur d'oignon sur vos mains ou pour les débarrasser des taches de fruits ou de légumes.

Faites bouillir du vinaigre quelques minutes pour effacer les mauvaises odeurs de la cuisine.

Mettez du vinaigre dans l'eau de rinçage de vos cheveux; ils seront plus soyeux.

Pour que vos vitres soient claires et qu'elles ne givrent pas en hiver, lavez-les avec de l'eau vinaigrée.

Votre réfrigérateur et votre congélateur seront resplendissants de propreté si vous les lavez avec de l'eau vinaigrée.

Si votre éponge dégage une mauvaise odeur, laissez-la tremper toute la nuit dans une eau savonneuse additionnée d'une bonne part de vinaigre. Le lendemain, rincez-la plusieurs fois à l'eau fraîche.

Lavez vos murs et plafonds peints en blanc à l'eau vinaigrée; ils seront plus éclatants.

Craignez-vous de laver un morceau de linge de couleur? Ajoutez un peu de vinaigre ou de sel à l'eau de lavage; ces ingrédients servent de mordants à la teinture.

Vos vêtements sont tachés de fruits? Frottez tout simplement ces taches avec un peu de vinaigre.

Lorsque vous mettez un peu d'eau de Javel dans votre lavage, ajoutez-y du vinaigre: il en neutralisera l'odeur.

Pour désodoriser votre cuisine, faites chauffer un peu de vinaigre de temps à autre.

En faisant bouillir du vinaigre, vous enlèverez les odeurs de cigarettes dans la maison.

Arrosez de vinaigre le tour et le couvercle de la poubelle que vous laissez à l'extérieur; vous éloignerez les chats et les chiens sans leur causer de dommage.

Un peu de vinaigre chaque jour sur le rebord de vos fenêtres ou de votre balcon éloignera les pigeons.

Pour prolonger la durée de vos bas de nylon, incorporez un peu de vinaigre à l'eau de rinçage.

Rincez vos vêtements foncés dans l'eau vinaigrée. Vous ferez disparaître les taches blanchâtres que laissent parfois certains détersifs.

Pour faire disparaître d'un habit les parties lustrées par l'usure ou un mauvais pressage, frottez-les avec un chiffon d'eau vinaigrée.

L'hiver, les bottes et les carpettes des halls d'entrée sont souvent tachées de calcium. Pour vous débarrasser de ces marques désagréables, frottez-les avec un peu d'eau vinaigrée, et plus rien n'y paraîtra.

Pour nettoyer vos salières et poivrières en verre, lavez-les soigneusement avec de l'eau additionnée de gros sel et de vinaigre, puis rincez-les à fond et faites-les sécher.

Rincer le bois décapé avec du vinaigre chaud en ravive la couleur.

Pour nettoyer et raffermir brosses à cheveux et brosses à ongles, faites-les tremper dans de l'eau vinaigrée. Puis, rincez-les soigneusement et laissez-les sécher.

Après avoir lavé vos verres de cristal, rincez-les à l'eau vinaigrée et déposez-les sur un linge pour les laisser sécher.

Pour éliminer les taches de vert-de-gris, frottez-les avec un mélange de vinaigre chaud et de sel.

Pour nettoyer vos carpettes, brossez-les tout simplement avec un peu d'eau vinaigrée.

Votre cafetière-filtre sera toujours bien propre si vous utilisez la méthode suivante de temps à autre: mettez du

vinaigre dans l'eau et faites fonctionner votre cafetière; rincez plusieurs
fois à l'eau froide.

Pour éliminer les taches de peinture
sur vos miroirs, racler le surplus de
peinture avec une lame de rasoir et
lavez-les à l'eau vinaigrée.

VINAIGRE D'ALCOOL

Le vinaigre d'alcool est excellent pour
nettoyer les miroirs et les vitres des
fenêtres.

Ajoutez un peu de vinaigre d'alcool à
l'eau de lavage: il fixe la couleur des
tissus.

VINYLE

Pour nettoyer le vinyle, rien de mieux
que quelques gouttes de savon à vaisselle dans de l'eau tiède.

VITRES

(Voir «Miroirs et vitres»)

Table Des Matières

D

E

F

P

V